JUEGA CON LAS ESTACIONES

• Marta Ribón •

algar
editorial

Licencia editorial por cesión de Edicions Bromera, SL (www.bromera.com).

© Marta Ribón Calabia, 2014
© Algar Editorial, SL
  Apartado de correos 225 - 46600 Alzira
  www.algareditorial.com
Impresión: Índice

1ª edición: octubre, 2014
ISBN: 978-84-9845-638-7
DL: V-2459-2014

Manos Creativas

JUEGA CON LAS ESTACIONES

• Marta Ribón •

Manualidades de reciclaje

algar
editorial

ÍNDICE

RECICLA

¡Protege y cuida el planeta!

Si te gusta el planeta en el que vivimos y la vida que nos ofrece la naturaleza, es muy importante que te comprometas a llevar una vida más sostenible.

Una buena manera de empezar a tomar conciencia desde casa consiste en intentar reducir el material de desecho y reciclarlo. Con él podrás crear divertidas manualidades y disfrutar de grandes momentos.

Te aconsejamos que te acostumbres a almacenarlo en una bolsa o en una caja para poder reutilizarlo en cualquier momento. ¡Utiliza tu imaginación y conviértelo en ingeniosos juguetes, como los que a continuación se muestran!

Recuerda que eres un artista y que cada pieza que crees será una obra única. Cuanto más variados sean los materiales, más originales serán las piezas. ¡Manos a la obra!

Materiales que puedes reciclar

Papel y cartón: papel de periódicos, papel de revistas, de envolver regalos, de embalar, bolsas, platos de cartón, cajas, hueveras, tubos de papel higiénico o de cocina.

Telas y costura: retales de tela, prendas de vestir que ya no utilices, trapos, botones, cintas, cordones, lana, cuerdas, cuentas, abalorios, lentejuelas...

Envases: botellas y botes de cristal o de plástico, cajas, tetrabriks, envases de yogur, tapones, chapas, latas, bolsas...

MARIPOSA

¡Una cometa para volar con el viento!

Con la llegada del buen tiempo apetece salir al aire libre y disfrutar del sol bajo el cielo azul. ¡Qué mejor que lanzar una cometa al aire y ver cómo gira y planea con el viento! A continuación te mostramos cómo confeccionar una cometa de papel con forma de mariposa.

1 Utiliza ❀

Para fabricar la estructura de las alas utiliza un alambre fino y dale forma redondeada. Necesitarás cuatro círculos: dos grandes y dos más pequeños.

Materiales

Alambre, cordel, papeles de seda o estampados, tijeras, cinta adhesiva, cola blanca y pincelito para aplicarla.

2 Ata

Une los extremos del alambre con cinta adhesiva y fíjalos con un cordelito, de esta manera la estructura se mantendrá siempre firme.

8

3 Une

Une los cuatro
redondeles de alambre
tal como se muestra
en la figura. Fíjalos
con cinta adhesiva y
un cordelito para que
sea más consistente.

4 Forra

Para rellenar las alas, recorta
papel de seda fino siguiendo
la forma de los redondeles,
dejando un margen de 1 cm.

9

5 Pega

Aplica cola blanca
con un pincelito por el
borde del papel y dobla
los bordes envolviendo
el alambre de modo
que queden pegados.

6 Recorta

Recorta piezas de papel
para confeccionar el cuerpo
y los ojos. Utiliza cola
blanca para pegarlos
y colócalos sobre las alas.

7 Finaliza

Decora la mariposa con
papeles de colores y ata un
cordelito de unos
diez metros al alambre
por la parte de abajo.
¡Ya puedes salir a correr y
hacer volar tu cometa!

ACTUS

3 Pinta

Utiliza pincel y pintura para colorear las piezas de los pétalos.

4 Crea

Recorta tres tapitas de las hueveras y píntalas. Las colocaremos en la parte central de la flor, representando el polen.

5 Recorta

Utiliza tubos de cartón de papel higiénico para convertirlos en sépalos. Recórtalos tal y como se muestra en la figura y píntalos de color verde.

13

7 Recorta

Utiliza tubos de cartón de papel higiénico para confeccionar el tallo. Píntalos de color verde y con ayuda de un cúter practica unos cortes perpendiculares y achátalos para que cojan volumen.

6 Dobla

Una vez se haya secado la pintura de los sépalos, ábrelos y dales forma redondeada hacia afuera.

8 Crea

Para confeccionar la corola, fija dos piezas de pétalos con cola blanca y coloca la parte del polen encima.

9 Coloca

Coloca los sépalos y la corola sobre el tallo y aplica cola blanca para fijarlas. Combinando diferentes pétalos podrás crear modelos distintos.

14

¡Decora tu habitación
con aires de primavera!

CASITA DE

¡Construye un refugio para pajaritos!

Durante la temporada de primavera es posible ver pajaritos revoloteando entre las flores y los árboles, en busca de semillas y polen. ¿Quién sabe? Si construyes una casita y la cuelgas en un árbol, quizás les guste y se queden a vivir en ella. ¡Así podrán resguardarse de la lluvia y del viento!

1 Recicla

Para confeccionar una casita de pájaros, necesitarás una caja cuadrada de cartón.

Materiales

Cajas de cartón, ramas, tijeras, palitos de madera, cuentas, chapas, un cascabel, pinturas y pincel, cordel, barrena o punzón, cola blanca y pincelito para aplicarla.

2 Recorta

Puedes decorar el techo recortando círculos de cartón de cajas que ya no utilices y pegándolo en la tapa.

PÁJAROS

3 Pega

Aplica cola blanca en la tapa y pega círculos hasta cubrir toda la superficie.

4 Pinta

A continuación decora la caja con las pinturas y el pincel. Píntala como más te guste y espera a que se seque bien.

5 Decora

Puedes pintar un jardín y construirle una valla hecha de palitos de helado reciclados. Córtalos y pégalos en la parte inferior de la caja.

17

6 Perfora

Practica una abertura en la parte frontal de la caja para que los pájaros puedan entrar en la casita.

Haz otro agujerito un poco más abajo y coloca una ramita para que se apoyen en ella.

8 Coloca

Para colgar la casita de un árbol, ata un cordel a un palo y decóralo con cuentas, chapas (perforándolas con el punzón) y un cascabel para que haga ruido cuando sople el viento.

7 Pinta

Da los últimos retoques para decorar la parte frontal de la casita.

9 Cuelga

Perfora la tapa con la barrena o punzón y pasa el cordel, atándolo con varios nudos. Cuelga la casita de un árbol. ¡Ya verás cómo vienen pajaritos!

Home, sweet home

Hogar, dulce hogar... ¡Una casita para pájaros!

Home, sweet home

COQUITOS

Divertidos personajes de una isla caribeña

En verano, no hay nada mejor que refrescarse con frutas tropicales como el coco, la papaya o el mango. A continuación descubrirás que, con un par de cocos, se pueden crear divertidos personajes con los que pasar momentos inolvidables: te presentamos a Lupita y a Sam.

1 Imagina

Imagina la cantidad de personajes diferentes que se pueden crear convirtiendo unos cocos en simpáticas caras.

Materiales

Cocos, una lija o una lima, pintura y pinceles, lana, tijeras, cola blanca y pincelito para aplicarla, cartulinas de colores y telas estampadas.

2 Lima

Antes de pintar el coco es conveniente que pulas con una lima o una lija la superficie que pintarás. De esta manera conseguirás un mejor acabado de la pieza.

3 Pinta

Utiliza pintura de manualidades para dar color a la cara. Puedes pintar barba, bigote o algún detalle, y conseguir que cada pieza sea única.

4 Decora

Una vez que se haya secado la pintura, pega lana con cola blanca como si fuera pelo. Coloca un trozo de tela en la cabeza de Lupita, como si fuera su pañuelo.

21

5 Crea

Puedes crear todos los modelos que imagines, solo cambiando los colores y los complementos que lleven. ¡Pon en marcha tu imaginación!

6 Recorta

Confecciona un sombrero de papel, recortando la figura y pégaselo a la cabeza.

7 Finaliza

Lupita tiene un nuevo amigo, se llama Sam y le gusta mucho dormir con su sombrero bajo el sol.

¡Venimos de un cocotero
con aires muy caribeños!

23

FONDO DEL

¡Descubre las profundidades marinas!

¡Adéntrate en el fondo marino y descubre los tesoros que esconde! Crea a estos personajes: un pulpo, un cangrejo y un pez muy salado. Y todo con materiales reciclados. ¿Quién no disfruta en verano, de un baño en la playa y del placer de jugar con las olas? Estos ejercicios prometen una sensación de lo más «tropicaliente».

Materiales

Botella grande de plástico, bote redondo, plato de cartón, papeles de colores o estampados, tijeras, pinturas y pincel, cola blanca y pincelito para aplicarla.

1 Recicla

Para fabricar un cangrejo, necesitas un plato de cartón reciclado. Píntalo con pintura de color rojo. Para confeccionar las pinzas recorta dos tiras de papel y dóblalas en forma de acordeón.

2 Recorta

Una vez se haya secado la pintura del plato, dóblalo por la mitad y recorta dos piezas de papel con forma de pinzas.

3 Coloca

Pega las pinzas a las tiras y estas al plato, por la parte redondeada del borde. Utiliza la cola blanca con el pincelito para aplicarla.

4 Decora

Recorta dos ojos y unas patitas de papel y colócalos en el plato. ¡El cangrejo ya puede caminar bajo el agua!

5 Recorta

Para fabricar un pulpo, utiliza una botella grande de plástico. Recorta la base con ayuda de unas tijeras.

6 Pinta

Recorta la botella formando unas tiras y enróllalas para que cojan forma de rulo. Recorta unos ojos de papel y decora la superficie con pintura.

7 Diseña

Convierte una caja redonda en un pez muy salado. Recorta círculos de papeles estampados y pégalos con cola blanca para decorarlo. Recorta la boca y un ojito y pégalos también.

¡Nos encontrarás en el mar
jugando a todas horas!

CESPINES

¡Si los riegas con esmero, les crece el pelo!

Los cespines son unas divertidas criaturas a las que les crece pelo de color verde. Si los riegas a diario verás cómo les va creciendo, y podrás cortárselo y hacerles diferentes peinados. Tan solo tienes que plantar unas semillas y acordarte de que necesitan mucha agua.

1 Recicla

¡Recicla unos calcetines o unos *pantys* de nailon que ya no se usen y conviértelos en divertidos muñecos! Es importante que la media sea fina para que pueda atravesarla el césped cuando crezca.

Materiales

Pantys o calcetines de nailon, semillas de alpiste o césped, serrín, botones, gomas elásticas, tijeras, hilo y aguja, pinturas y pincel, recipiente y agua.

2 Rellena

Corta la media de nailon desde la punta hasta la rodilla y coloca en su interior unas semillas de alpiste o de césped. A continuación rellénalo con serrín.

3 Pellizca

Aprieta bien el serrín formando un círculo y practica un nudo para cerrar la media. Fabrícale una nariz y unas orejas pellizcando pizcas de serrín y atándolas con gomas.

4 Decora

Da la vuelta al cespín para que el nudo quede en la parte de abajo y las semillas en la de arriba. Cose un par de botones con aguja e hilo para representar los ojitos.

5 Diseña

Inventa divertidos personajes y decóralos con botones y pintura (es importante que la pintura sea permanente para que no se corra cuando se moje).

6 Moldea

Los cespines, al estar rellenos de serrín, tienen forma moldeable, puedes achatarlos, o darles forma de patata.

7 Riega

Remoja el muñeco durante 15 minutos y luego colócalo sobre una bandeja reciclada de plástico. Acuérdate de regarlo y mantenerlo húmedo a diario, ya verás cómo le va creciendo el pelo. ¡Qué divertido!

¡Cada día tenemos el pelo
más largo y puntiagudo!

31

ATRAPASU

¡Descubre la magia del cazador de sueños!

Los nativos norteamericanos confeccionaban los atrapasueños con madera de sauce y los decoraban con plumas. Según la leyenda, este bonito objeto filtra los sueños de las personas mientras duermen y deja pasar solo los sueños buenos. ¡Encuentra los materiales en la naturaleza y confecciona el tuyo!

1 Busca

Recoge ramas flexibles y utilízalas para crear el aro del atrapasueños.

Materiales

Ramas, cordel o rafia, cuentas y abalorios, tapones de corcho y de plástico, piñas, plumas, lápices de colores, tijeras, una barrena o punzón, cola blanca y pincelito para aplicarla.

2 Moldea

Une las ramas hasta conseguir crear una forma redonda. Ata con un cordel o con rafia los extremos para fijar las ramas entre sí.

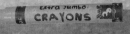

3 Teje

Para crear la telaraña donde se filtran los sueños, recorta cordeles o rafia y pasa cuentas de abalorios por ellos. Confecciona un entramado, y para finalizar, ata los extremos al aro de madera.

4 Coloca

Fabrica un colgante pasando por un cordel cuentas, tapones de plástico y de corcho. Utiliza una barrena o punzón para practicar el orificio en las piezas que lo necesiten. Finalmente, ata una piña en el extremo.

5 Decora

Confecciona otros dos colgantes combinando los distintos elementos entre sí. Decóralo con plumas.

6 Adorna

Une los colgantes con un nudo en la parte inferior del aro. Colócalos de manera que queden a la misma altura. Ata un cordel en la parte superior para poder colgarlo donde quieras.

7 Dibuja

Para finalizar, puedes dibujar a tu animal favorito. Colócalo en el centro de la red y pégalo aplicando un poco de cola blanca con un pincelito. ¡El atrapasueños mostrará tu animal totémico!

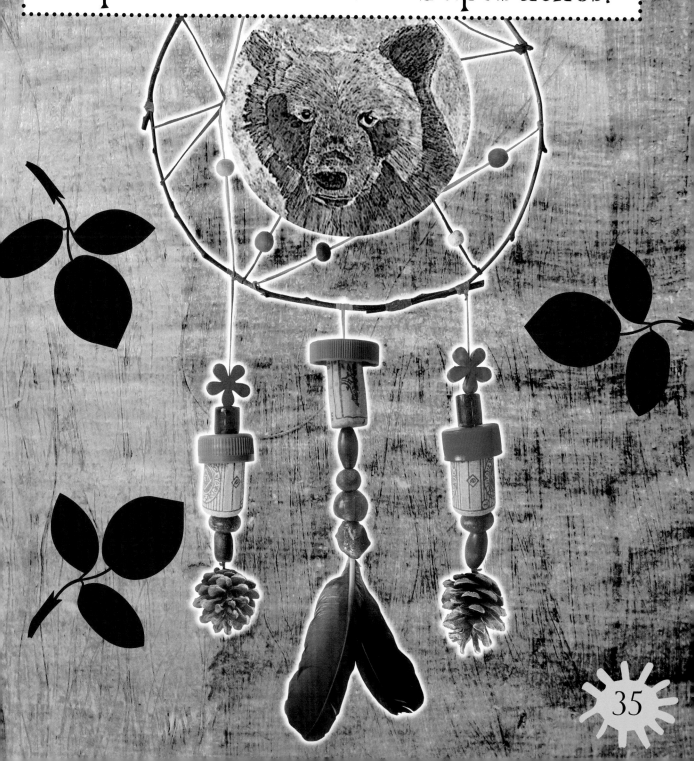

35

¡Una ardilla saltarina y comilona!

Las ardillas son animales muy rápidos y ágiles que viven en los árboles del bosque. Durante el día buscan nueces, avellanas, fruta, granos, piñones y raíces que almacenan en su nido. Al amanecer o a primera hora de la tarde es cuando más se dejan ver. ¿Te gustaría crear una ardilla muy simpática de arcilla? ¡Vamos a por ello!

1 Moldea

Para formar la cabeza de la ardilla, moldea un pedazo de arcilla hasta formar una bola.

2 Crea

Continúa moldeando la arcilla y verás que poco a poco irá ablandándose. Dale forma alargada para crear el hocico.

Materiales

Arcilla, una piña, plumas, cáscaras de flores de eucaliptus o de bellotas, pinturas y pincel, cola blanca y pincelito para aplicarla.

LEGRE

4 Moldea

A continuación moldea el cuerpo hasta que tome una forma curva con las dos patas posteriores apoyadas.

3 Fabrica

Modela dos orejas en forma de triángulo y colócalas en la cabeza. Para unir las piezas puedes humedecer un poco las dos superficies.

5 Une

Crea las dos patas anteriores y únelas al cuerpo. Coloca también la cabeza y decora los ojos y el hocico con cáscaras de flores de eucaliptus o de bellotas. A continuación, espera hasta que la arcilla se seque.

37

6 Pinta

Una vez se haya secado la arcilla, decórala con pintura de colores y pinta de negro los ojitos.

7 Decora

Puedes decorar la espalda con manchas moteadas y con los colores que más te gusten. Espera a que se seque la pintura.

8 Coloca

Para finalizar, confecciona una cola con plumas recicladas y fíjala con cola extrafuerte. ¡Coloca una piña entre los brazos de la ardilla y verás cómo come!

¡Me gustan las avellanas, las nueces y los piñones!

HERBARIO

¡Colecciona las hojas de los árboles!

Aprovecha una excursión al campo y recoge hojas y flores para confeccionar un sencillo herbario. El otoño resulta ideal, ya que las hojas se encuentran fácilmente por el suelo.

Una vez en casa podrás coleccionarlas colocándolas en tu herbario. ¡Descubre las variadas formas y tonalidades que nos ofrece la naturaleza!

1 Reutiliza

Para realizar las cubiertas del herbario usa dos piezas de cartón de la misma medida.

Herb

Materiales

Cartones reutilizables, hojas de árboles, papel de diario, pintura y pincel, pinzas de tender la ropa, huevera, palito de helado, pompón, cola blanca y pincelito para aplicarla.

2 Pinta

Utiliza pintura y pincel, decora las cubiertas con los colores que más te gusten y espera a que se seque la pintura.

3 Crea

Utiliza una hoja seca para crear un personaje. Recorta cartón de huevera y confecciona los ojitos. Para fabricar la cara, engancha un pompón y un palito de helado. Fija la hoja en la portada con ayuda de cola blanca y decórala con más hojitas.

Herbario

4 Coloca

Utiliza pinzas de tender la ropa para unir la portada con la contraportada. En el interior podrás ir colocando papel de periódico intercalando las hojas recolectadas. Es importante que el papel que utilices sea de periódico, ya que, al ser tan absorbente, las hojas se secarán mejor.

Herbario

41

5 Colecciona

Coloca las hojas intercaladas con papel de periódico para que se sequen. Puedes coleccionar hojas durante toda la vida, porque una vez se han secado ya no se estropean.

6 Archiva

Una vez hayas colocado la hojas intercaladas con el papel de periódico, coloca las tapas del herbario y fíjalas con las pinzas.

7 Prensa

Pon el herbario debajo de una pila de libros o de algo de mucho peso para que las hojas queden bien planas durante el proceso de secado.

Herbario

Herbario

¡Colecciona hojas otoñales de diferentes formas y colores!

43

ADORNO

¡Confecciona adornos decorativos!

Este invierno podrás decorar el árbol de Navidad con adornos confeccionados por ti. Un divertido personaje está esperando para ser colgado en tu casa junto a copos de nieve y estrellas. ¡Manos a la obra! El resultado es de lo más simpático.

1 Reutiliza

Usa palitos de helado para crear la cara de este nuevo personaje que podrás colocar en el árbol de Navidad para adornarlo.

Materiales

Palitos de helado, pintura de color blanco, azul y negro, papel de seda, papel de color naranja, botones, tijeras, una cinta, barrena o punzón, cordel, cola blanca y pincelito para aplicarla.

2 Pinta

Pinta seis palitos con pintura de color blanco y la parte superior de color negro. Pinta otro palito completamente negro.

44

3 Coloca

Coloca los palos verticalmente uno al lado del otro y pega el que está cruzado encima de los otros.

4 Decora

Decora la cara con botones y con papel fabrica la nariz y modela unas bolitas para pegar en la boca. Decora el sombrero con una cinta.

45

5 Finaliza

Practica un orificio con una barrena o punzón para colgarlo. ¡Nuestro nuevo amigo parece de lo más contento!

6 Pega

Para recrear copos de nieve pega con cola blanca tres palitos de helado. Decóralos con unas pinceladas de pintura y espera a que se sequen.

7 Cuelga

Practica un orificio con el punzón en una de las puntas y pasa un cordel para colgarlo.

46

Tengo nariz de zanahoria
y llevo un sombrero de copa.

47

FRASCO NE

Atrapa en un cristal la magia del invierno

A todos nos gusta jugar con la nieve y después regresar a casa y disfrutar del calor del hogar. ¿Por qué no construir, entonces, un muñeco mágico con un bote, purpurina y algodón? Puedes colocarlo en tu habitación y revivir la magia del invierno con él.

1 Reutiliza

Convierte un frasco transparente en un fantástico recuerdo invernal. Puedes colocarlo en algún rincón de casa para dar al ambiente un toque especial.

Materiales

Bote con tapa, algodón, purpurina, lana, botones, tijeras, rotulador, agua, cola blanca y pincelito para aplicarla.

2 Decora

Decora el frasco de cristal por la parte inferior con algodón. Utiliza un pincelito para manipular más fácilmente la cola blanca.

VADO

3 Recorta

Fabrica un muñeco de nieve con dos discos redondos de algodón, de los que se utilizan para desmaquillarse. Uno será el cuerpo y el otro, la cabeza.

4 Coloca

Recorta un sombrero de papel de color negro de una medida adecuada a la cabeza.

49

5 Decora

Adorna el muñeco con botones, aplicando cola blanca con un pincelito para pegarlos. Después, dibuja la boca con un rotulador y pega el muñeco en el bote.

6 Aplica

A continuación, aplica una capa de cola blanca sobre la tapa del frasco y decórala con purpurina. Espera a que se seque.

7 Finaliza

Para acabar, decora el bote con copos de algodón y un trocito de lana. Rellénalo con agua y purpurina. ¡Verás brillar miles de destellos!

Si me agitas, verás caer
destellos de purpurina.

FIGURA DE

¡Confecciona un muñeco decorativo!

En invierno, la nieve se convierte en la protagonista de las calles, los paisajes y los tejados. ¡Aprovecha su presencia para fabricar este muñeco reciclado. Solo tienes que ponerte manos a la obra y disfrutar de tu hogar. ¡Recicla y diviértete!

1 Recicla

Un par de calcetines viejos se pueden convertir en un muñeco muy entrañable. Este será el tuyo y además... ¡no se derrite!

Materiales

Un par de calcetines viejos, algodón o relleno de cojín, cinta decorativa, una ramita, dos pompones, pincel y pintura, tijeras, cola blanca y pincelito para aplicarla.

2 Rellena

Introduce algodón o algún material blando para rellenar un calcetín y forma así el cuerpo de nuestro muñeco.

3 Decora

Dobla la parte sobrante del calcetín y ata una cinta decorativa por el centro. El objetivo es conseguir dos formas redondas que serán la cabeza y el cuerpo.

4 Coloca

A continuación pon en la cabeza otro calcetín, como si fuera un gorro e introduce una ramita en la bufanda. Nuestro muñeco ya va tomando forma...

53

5 Decora

Pinta los ojitos y
la boca con una pequeña
pincelada de pintura.
A continuación, espera
a que se seque.

6 Finaliza

Adorna tu muñeco de nieve
pegando unos pompones con
cola blanca. ¡Ya puedes decorar
algún rincón de casa con
esta nueva creación que has
realizado!

No tengo frío porque voy muy abrigado con mi gorrito.

Ha sido divertido, ¿verdad?
¡Esperamos seguir jugando contigo!

¡Hasta la próxima!

• Sigue jugando con nosotros •